LE MUSÉE VAN GOGH À AMSTERDAM

LES PIÈCES MAÎTRESSES DE LA COLLECTION

MARKO KASSENAAR
LIESBETH HEENK

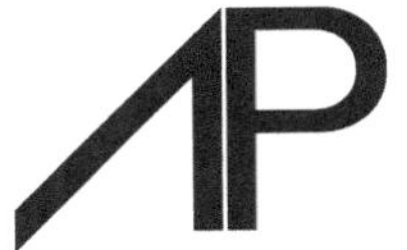

INTRODUCTION

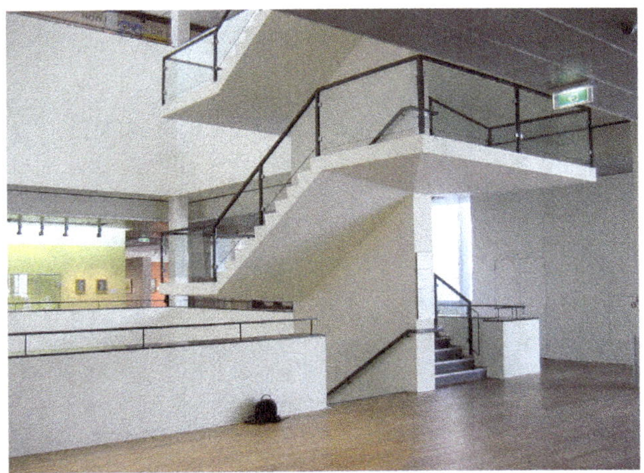

L'intérieur du musée Van Gogh à Amsterdam,
dessiné par Gerrit Rietveld. Photographie de
Minke Wagenaar - Wikimedia Commons.

Le Musée Van Gogh, qui compte parmi les établissements culturels les plus populaires d'Amsterdam, attire plus d'un million et demi de visiteurs par an, qui y déferlent des quatre coins de la planète. Le bâtiment abrite le plus grand assortiment d'œuvres de Van Gogh au monde, ne comptabilisant pas moins de 200 tableaux, 400 dessins et 700 lettres. Le musée expose aussi en parallèle des chefs-d'œuvre réalisés par des contemporains de l'artiste. Citons par exemple Paul Gauguin, Emile Bernard, ou encore Auguste Rodin.

Le bâtiment fut dessiné par un des chefs de file du mouvement artistique néerlandais De Stijl : l'architecte Gerrit Rietveld. Malheureusement, celui-ci ne fut pas en mesure de terminer son projet, car il mourut avant qu'il ne fût mené à bien en 1973. Pourtant, avec ses lignes droites combinées à des murs blancs dénués de toute décoration, qui permettent au visiteur de se focaliser entièrement sur les tableaux, le Musée Van Gogh reflète la patte de Rietveld, célèbre pour ses compositions dépouillées.

L'annexe du musée a été dessinée par l'architecte Kisho Kurokawa (1934-2007) et construite en 1999. Elle porte le nom d'aile Kurokawa et abrite des expositions temporaires.

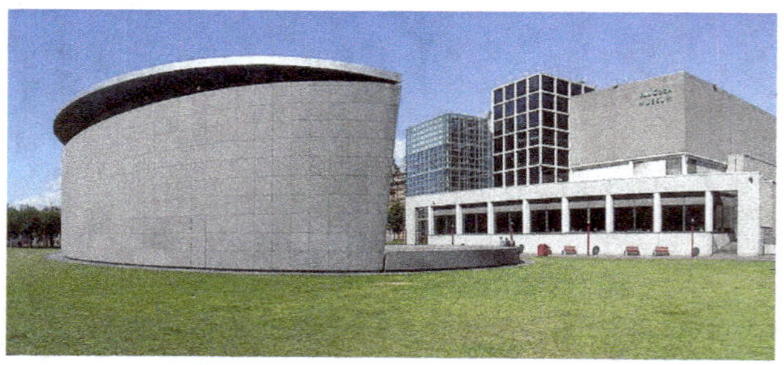

L'annexe du musée a été dessinée par l'architecte
Kisho Kurokawa (1934-2007) et construite en
1999. Elle porte le nom d'aile Kurokawa et abrite
des expositions temporaires.

Les récentes modifications apportées au bâtiment incluent la construction d'un nouveau hall d'entrée. Depuis 2015, les visiteurs sont en mesure de pénétrer dans le musée en traversant un bâtiment en verre construit sur Museumplein.

Un projet de longue haleine pour le musée, ce nouveau hall d'entrée, qui est entièrement transparent, a été dessiné par la compagnie d'architecture Kisho Kurokawa et associés, la même agence qui avait développé l'annexe.

Cette nouvelle structure offre au musée 8oom² supplémentaires, permettant au nombre croissant de visiteurs de mieux profiter de leur visite.

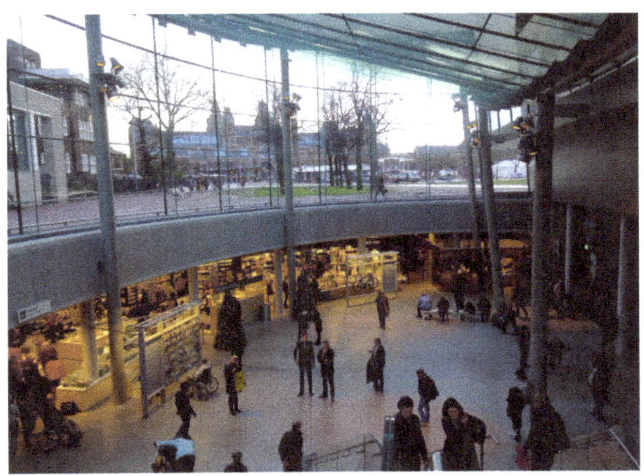

L'intérieur du musée Van Gogh à Amsterdam.
Photographie par Liesbeth Heenk

COURTE BIOGRAPHIE DE VINCENT VAN GOGH

Comparée à celle de nombreux autres artistes, il est frappant de constater que la carrière de Van Gogh compte parmi les plus courtes de toute l'histoire de l'art. Il ne s'établit en tant que peintre professionnel à temps-plein qu'à l'âge de vingt-sept ans et mourut à peine dix ans plus tard. Et pourtant, durant ce court laps de temps, Vincent van Gogh (1853-1890) a produit un corpus qui est non seulement remarquable par son étendue, mais marque également l'origine de plusieurs styles d'art moderne. Dans les années ayant suivi sa mort et de nos jours encore, des artistes ont continué de puiser leur inspiration dans son utilisation audacieuse et novatrice de la couleur, dans son expressionnisme, ainsi que dans son attitude sans compromis envers l'art et la vie.

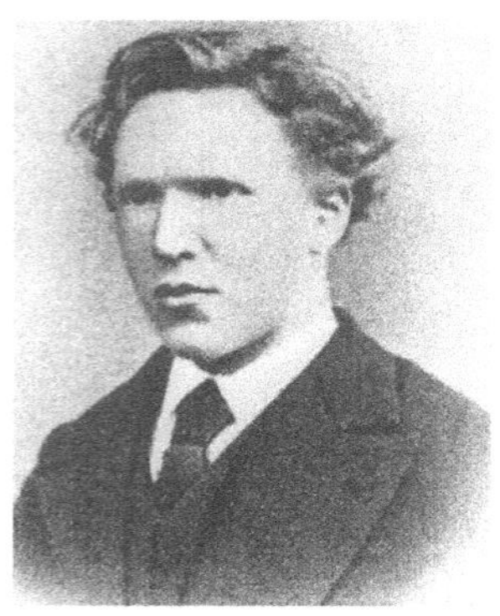

Vincent van Gogh, à l'âge de dix-huit ans

Né dans la petite ville de Groot-Zundert en 1853, dans la province néerlandaise du Brabant, Vincent Willem van Gogh était un enfant timide et introverti. À l'âge de seize ans, il obtint un poste en qualité d'assistant auprès de la compagnie de courtage artistique Goupil & Co de La Haye, qui embaucha aussi son frère Theo quelques années plus tard.

Entre temps, Van Gogh fut muté dans plusieurs grandes villes comme Londres ou Paris, avant de se faire renvoyer en 1876. Il déménagea alors en Angleterre et embrassa la profession de ministre du culte. En 1878, il vint s'installer en Belgique en qualité d'évangéliste, mais il y rencontra plutôt sa vocation artistique.

La carrière de Van Gogh à proprement parler a commencé en 1880, quand il revint aux Pays-Bas dans l'idée de devenir illustrateur pour des magazines et des journaux.

Il a réalisé son premier chef-d'œuvre, *Les mangeurs de pommes de terre*, à Nuenen, au Brabant, en 1885. Après des études d'art assez courtes à Anvers, Van Gogh a décidé de s'établir à Paris chez son frère Theo qui, entre temps, était devenu directeur de la filiale parisienne de Goupil & Co.

Ce fut dans la capitale que Van Gogh développa le style personnel qui devint la quintessence de son travail. Influencé par les impressionnistes, il expérimentait avec des couleurs vives et des coups de pinceaux expressifs, et découvrit aussi une nouvelle source d'inspiration dans la pléthore d'œuvres japonaises qui parvenait alors à la capitale.

Le bruit, les tentations et l'agitation de la vie citadine commencèrent à avoir des répercussions sur le peintre. Victime d'un stress constant et sur la pente de l'alcoolisme, il s'échappa vers la tranquillité d'Arles, une ville du sud de la France. C'est là qu'il produisit ses œuvres les plus emblématiques, comme *Les Tournesols* et sa chambre dans la Maison Jaune.

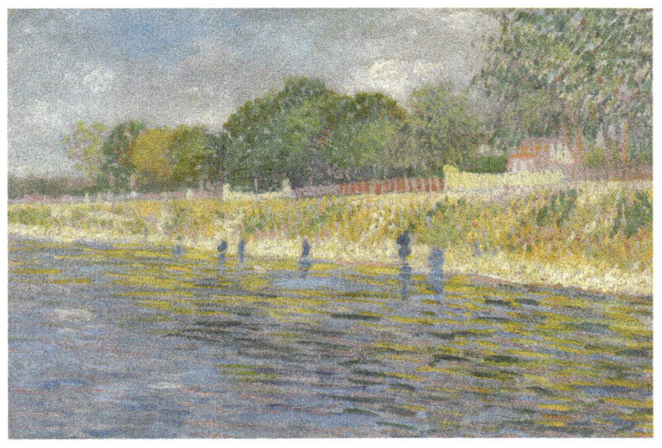

Vincent van Gogh, Rives de la Seine, huile sur toile, Paris, mai-juillet 1887

Déjà en proie à une maladie mentale qui s'aggravait rapidement, Van Gogh commença à souffrir de crises d'épilepsie. Son séjour partagé avec Paul Gauguin à la Maison Jaune a tourné au désastre. En décembre 1888, il s'est violemment amputé le lobe de l'oreille gauche et dut être hospitalisé.

Sa maladie, combinée à son tempérament féroce, semait la crainte parmi les villageois. Il se sentit incapable de vivre seul et demanda à être admis de son plein gré à l'asile de Saint-Rémy.

Il y resta interné pendant deux ans, mais il obtint la permission d'utiliser une pièce désaffectée en guise de studio. À sa sortie, Van Gogh s'établit dans le village d'Auvers-sur-Oise, dans la région parisienne.

Il y produisit ses derniers tableaux avant sa mort tragique, le 29 juillet 1890. Il décéda des blessures causées par une balle logée dans sa poitrine. On a bien souvent suggéré qu'il a tenté de se suicider, mais cette hypothèse fut remise en question dans une récente biographie de l'artiste.

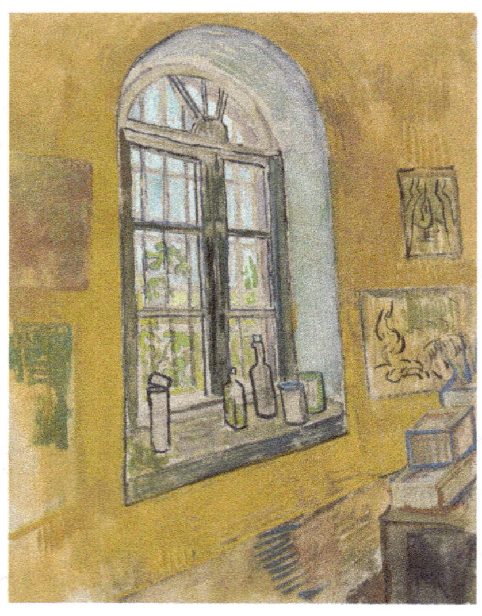

Vincent van Gogh, Fenêtre de studio de Vincent à l'asile, technique mixte sur papier, Saint-Rémy, septembre-octobre 1889

Enterré à Auvers, Van Gogh ne resta pas seul longtemps, puisque son frère Theo le rejoignit dans la mort six mois plus tard.

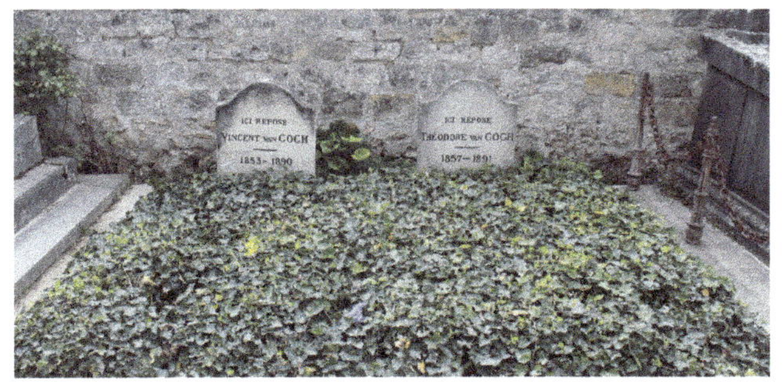

Les tombes de Vincent et Theo van Gogh à
Auvers-sur-Oise

LA COLLECTION PERMANENTE

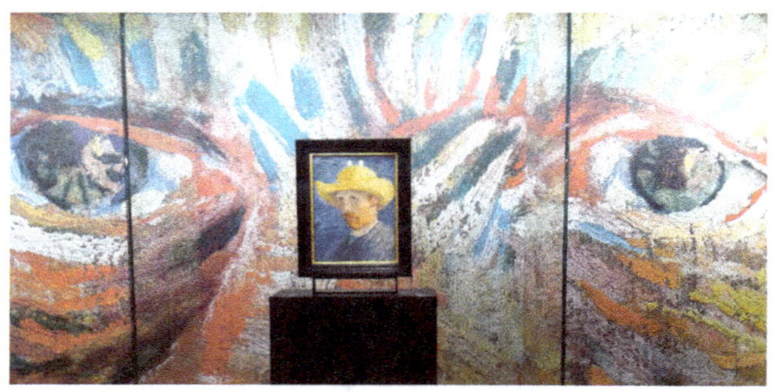

En novembre 2014, le Musée Van Gogh a entièrement revu la présentation de sa collection permanente, mettant l'emphase sur ce qui pousse les gens de tous les pays à venir la visiter : la vie torturée de l'artiste.

En entrant dans le musée, vous vous retrouverez en face de plusieurs agrandissements représentant chacun un des autoportraits multicolores de l'artiste, entourés d'une demi-douzaine d'autoportraits. La présentation laisse beaucoup d'espace entre les toiles du peintre, et les murs prennent la couleur grisbrune de la période brabançonne des premières esquisses, gris-bleue des peintures parisiennes, profondément bleue de ses œuvres provençales éblouissantes, et bleue et verte, plus subtile, de ses autres toiles. Dû à la fragilité des œuvres sur papier, est exposée une sélection changeante de dix dessins.

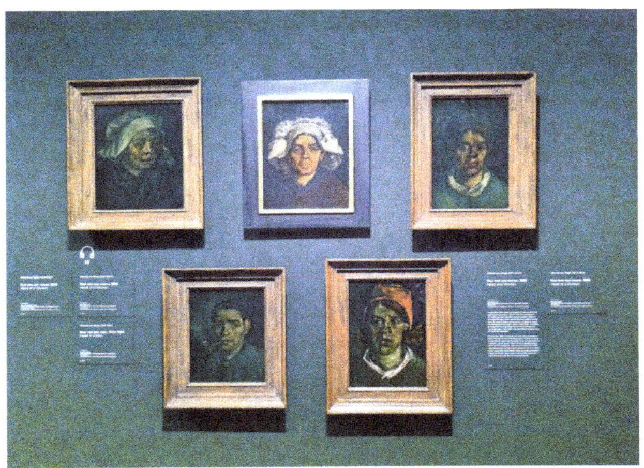

À l'intérieur du Musée Van Gogh à Amsterdam

Bien que l'exposition soit fondamentalement chronologique, les œuvres ont été disposées par thèmes. Le visiteur peut suivre la recherche constante d'un artiste extraordinaire.

Les principaux motifs y sont couverts, comme l'incident de l'oreille, le suicide et la maladie mentale, la mort et la reconnaissance, la décoloration des tableaux et les origines du Musée Van Gogh. En fin de parcours, à l'étage supérieur du bâtiment, se trouve une galerie exposant les œuvres des disciples de Van Gogh.

Ce guide vous initiera à ses chefs-d'œuvre, et vous découvrirez certaines des idées et des ambitions qui sous-tendent son art. Pour des raisons de clarté, nous nous en tiendrons à une présentation chronologique, et discuterons séparément des œuvres de Van Gogh et de celles de ses contemporains.

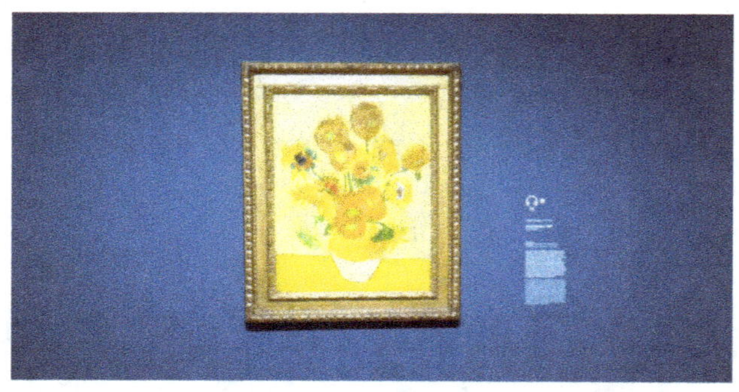

À l'intérieur du Musée Van Gogh à Amsterdam

LES PAYS-BAS

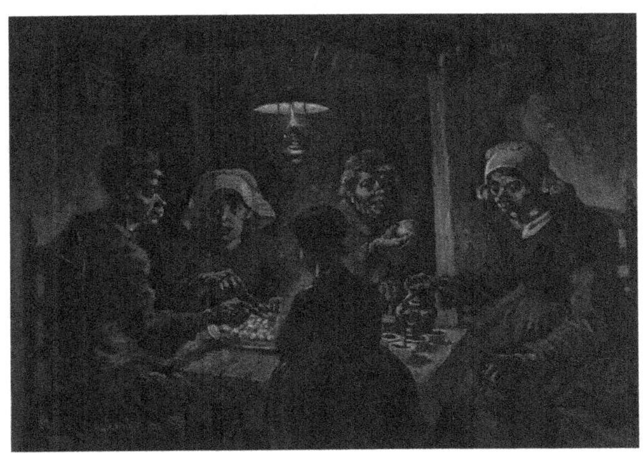

Vincent van Gogh, Les mangeurs de pommes de
terre, huile sur toile, Nuenen, avril-mai 1885

Les mangeurs de pommes de terre est non seulement considéré comme le premier chef-d'œuvre de Van Gogh, c'est aussi la plus grande toile qu'il ait peinte. Elle représente une famille de paysans, éclairés par une unique lampe, qui n'ont que des pommes de terre à se mettre sous la dent en guise de dîner.

À droite, une femme verse de la chicorée, un succédané bon marché au café. Les visages durcis, combinés aux couleurs sourdes, évoquent les difficultés de la vie campagnarde.

Si l'on observe de plus près l'arrière-plan, on peut distinguer une horloge jouxtant une représentation de la crucifixion.

Van Gogh ressentait une profonde sympathie pour les souffrances des petites gens, un legs de sa période évangéliste dans la région minière pauvre du Borinage, en Belgique.

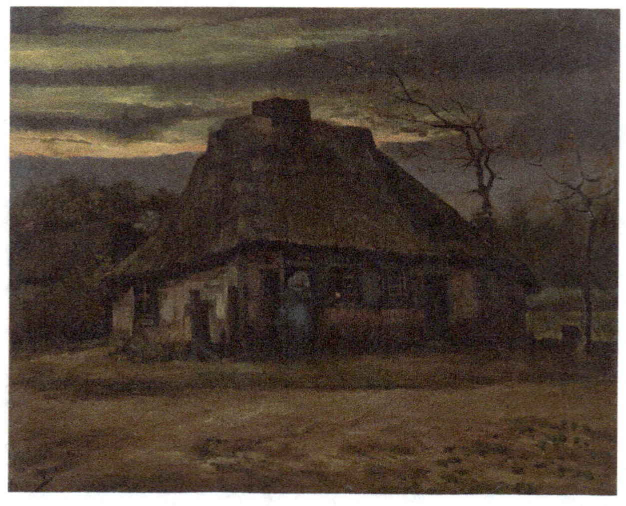

Vincent van Gogh, Maison de campagne, huile sur toile, Nuenen, mai 1885

La toile devait exprimer l'idée que ces fermiers « ont remué la terre eux-mêmes, de ces mains qui plongent dans le plat [...] et qu'ils méritent ainsi cette nourriture *en toute honnêteté*, » écrivit l'artiste à son frère Theo le 30 avril 1885.

Il utilisait des fermiers et des laboureurs comme modèles, comme Jules Breton et Jean-François Millet l'avaient fait avant lui, et la campagne était son décor préféré. Avec le tableau reproduit ci-dessous, *Les mangeurs de pommes de terre* était la pièce principale d'une série d'œuvres sur ce thème, faisant usage des couleurs sombres qui étaient alors en vogue aux Pays-Bas.

ANVERS (1885-1886)

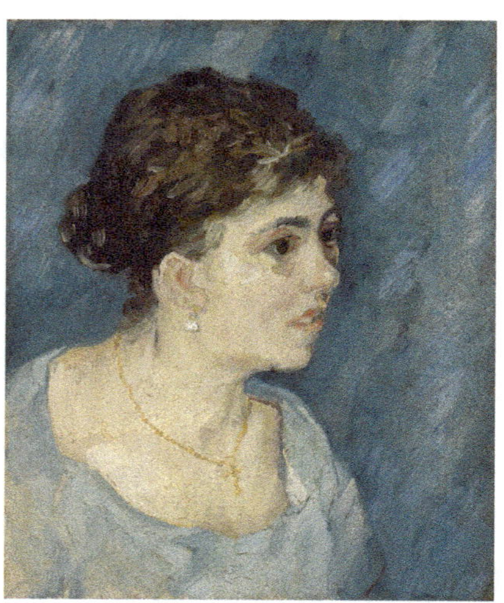

Vincent van Gogh, Portrait d'une prostituée, huile sur
toile, Anvers, décembre 1885

Bien que la majeure partie de ses premières œuvres montrent des
couleurs sombres et ternes, Van Gogh décida d'éclaircir sa palette
et de suivre des cours d'art à l'Académie d'Anvers. Les couleurs

s'écartent des bruns et des tons gris ternes utilisés par le passé pour souligner à présent le rose de la peau et des bleus éclatants. Les coups de pinceaux se sont affinés.

Resté pauvre tout au long de sa vie, Van Gogh demandait souvent à des prostituées comme celle représentée ci-dessus de poser pour lui, en lieu et place de modèles professionnels, puisqu'elles demandaient une compensation bien moindre.

Comme son art ne lui rapportait rien, Vincent se retrouva financièrement dépendant de son frère Theo. Ce dernier a commencé à couvrir toutes ses dépenses à partir de 1882, sous la condition que cet arrangement durerait jusqu'à ce que Vincent puisse prendre son indépendance. Cela ne devait jamais arriver.

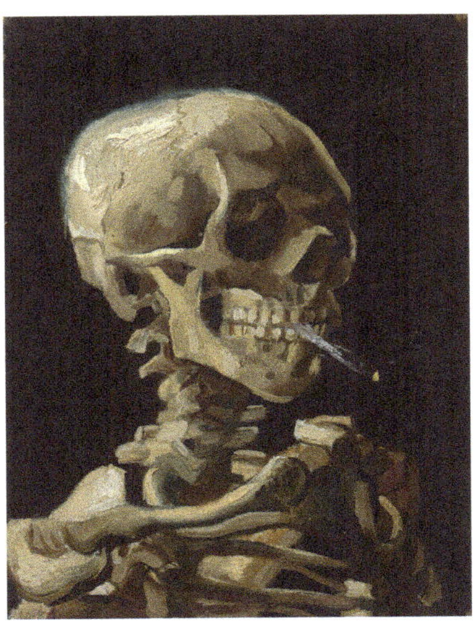

Vincent van Gogh, *Crâne de squelette fumant une cigarette*, huile sur toile, Anvers, février 1886

Crâne de squelette fumant une cigarette, peint en février 1886, est probablement un commentaire ironique sur l'enseignement traditionnel dispensé à l'Académie d'Art d'Anvers, où Van Gogh

avait suivi une courte formation, et où on lui reprocha de peindre
« trop brutalement ».

Durant les cours, un squelette était souvent utilisé pour étudier
l'anatomie humaine. Van Gogh en récupéra la notion familière
pour exprimer toute son ironie.

PARIS (1886-1888)

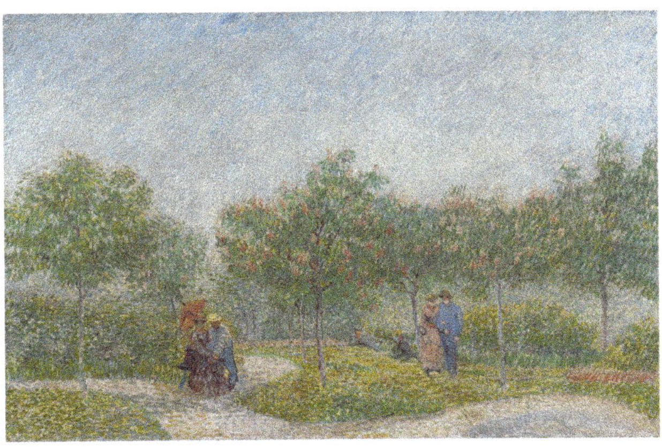

Vincent van Gogh, Square Saint-Pierre, huile sur toile, Paris, mai 1887

Paris offrait la promesse d'une vie nouvelle pour Van Gogh. L'influence de mouvements artistiques naissants, comme l'impressionnisme ou le pointillisme, a transformé sa façon de peindre. Les coups de pinceaux grossiers de ses premières œuvres néerlandaises ont fait place à des points ou des petites stries, et il a éclairci sa palette.

Comme bien d'autres de ses contemporains parisiens, Van Gogh plaçait ses personnages dans des cadres naturels, que ce soient des parcs ou des jardins. Ce tableau utilise une composition un peu vieillotte : la ligne d'horizon est située exactement au milieu de la toile, et l'arbre est positionné précisément au centre, avec un couple d'amoureux représenté de part et d'autre.

Bien que cela ne soit pas le travail d'un artiste d'avant-garde (comme l'étaient ses contemporains Gauguin ou Bernard), les teintes glorieuses révèlent le développement de Van Gogh.

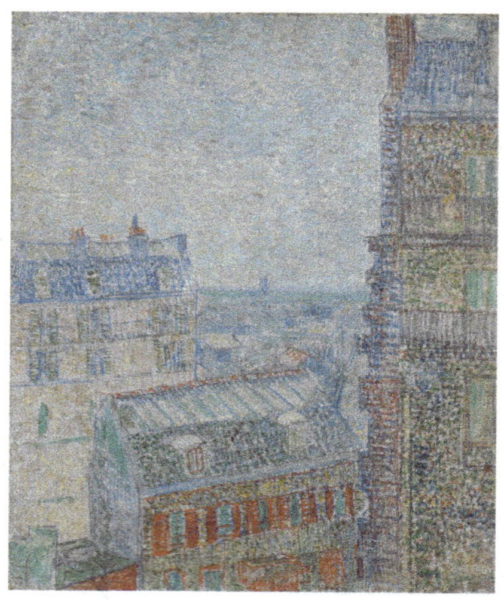

Vincent van Gogh, Vue de l'appartement de la rue Lepic, huile sur toile, Paris, mars-avril 1887

Quand on regarde cette vue de la fenêtre de l'appartement donnant sur la rue Lepic, on peut voir que Van Gogh s'essayait à la technique du pointillisme : l'œuvre consiste presque entièrement en points minuscules, et les seules lignes droites sont les contours des maisons.

Le tableau représente la vue depuis l'appartement que partageaient

Vincent et Theo au 54 de la rue Lepic, dans le célèbre quartier parisien de Montmartre.

Van Gogh était féru d'art japonais. Il en admirait les couleurs vives, les contours marqués et la composition.

Dans *La Courtisane*, il a copié un portrait d'une geisha sur la couverture du magazine *Le Paris Illustré*. Une geisha est une courtisane haut-de-gamme qui offre parfois des faveurs sexuelles.

À l'arrière-plan, Van Gogh a peint des bambous, des grenouilles, des grues et un petit bateau. Les animaux sont un jeu de mots : en argot, « grue » et « grenouille » étaient aussi des surnoms pour désigner une prostituée.

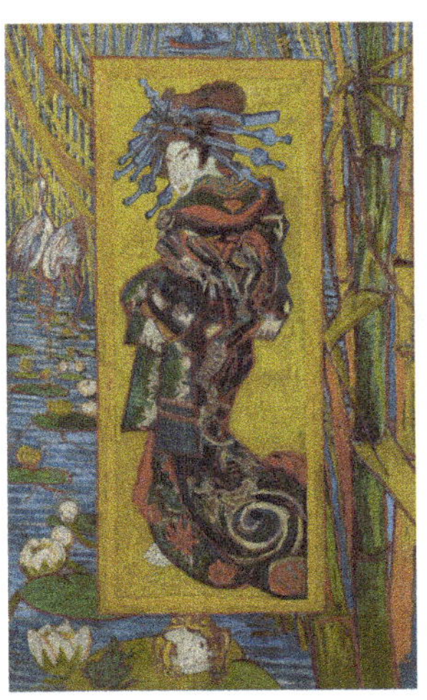

Vincent van Gogh, La Courtisane (d'après Eisen),
huile sur toile, Paris, octobre-novembre 1887

Les tiges de bambou encadrent l'image centrale, qui est magnifiée et placée au premier plan, suivant la composition japonaise typique. Derrière, nous voyons un bassin peuplé de petits animaux. Des fleurs de lotus sont placées de-ci, de-là autour de l'image. L'œuvre reproduite ci-dessous illustre aussi ce genre de construction.

L'influence japonaise de Van Gogh est évidente dans cette peinture de jardin. Comme pour les bambous du *Prunier en Fleurs*, l'arbre domine le premier plan.

Une observation attentive de l'œuvre révèle un mariage des styles : la composition japonaise dont nous venons de parler est combinée à la touche impressionniste des fleurs à l'arrière-plan.

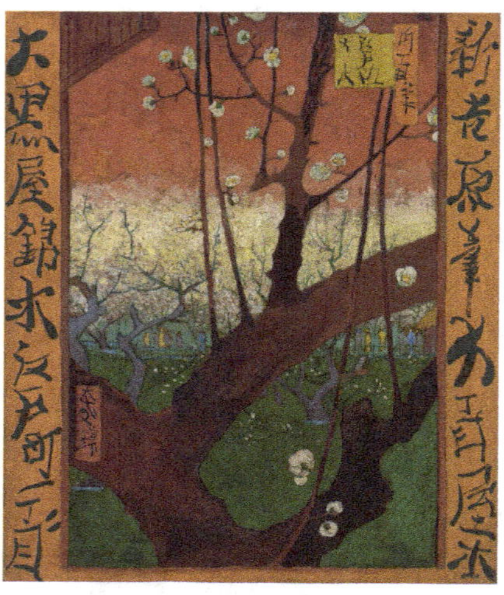

Vincent van Gogh, Prunier en Fleurs (d'après Hiroshige), huile sur toile, Paris, octobre-novembre 1887

Une frise ornée de caractères japonais entoure l'image. Van Gogh ignorait leur véritable signification lorsqu'il en a copié les contours ; il en appréciait tout simplement l'apparence. En vérité, les caractères sont une réclame pour une maison à vendre – ils en donnent même l'adresse !

De son vivant, Van Gogh a réalisé de nombreux autoportraits. Ce n'était toutefois pas par vanité, mais plutôt dû à un manque d'argent : ne voulant pas dépenser ses maigres ressources pour rémunérer des modèles, il a acheté à la place un petit miroir.

Dans le tableau ci-dessous, il se représente avec assurance dans son quotidien d'artiste, entouré de ses outils de travail. Bien qu'un grand nombre de ses autoportraits soient relativement bruts, celui-ci vaut la peine de s'y attarder, par la richesse de ses détails.

Voyez le nombre de couleurs qu'il a mélangées pour peindre ses cheveux et ses yeux. Van Gogh devait être satisfait du résultat final ; il a fièrement apposé sa signature en bas à droite.

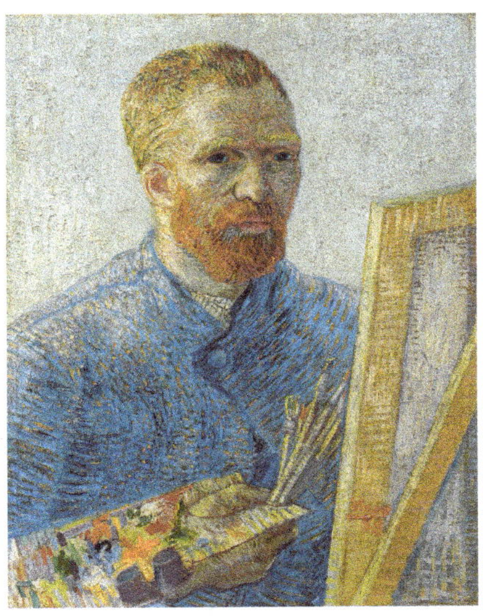

Vincent van Gogh, Autoportrait de l'artiste, huile sur toile, décembre 1887-février 1888

Les peintres impressionnistes tentent de décrire les premières impressions visuelles. Cela suppose une réalisation rapide, avant que le mouvement du soleil n'altère la lumière jetée sur le paysage. C'est pourquoi les tableaux impressionnistes sont réalisés à un rythme soutenu et s'apparentent à des esquisses.

Le tableau ci-dessous illustre bien la façon dont Van Gogh s'est essayé à la technique. Les peintres impressionnistes ne mélangeaient pas les couleurs sur la palette avant de les appliquer, mais les mixaient plus volontiers directement sur la toile, produisant ainsi un spectre de couleurs infiniment plus large.

On peut le voir dans la maison rose à la droite du tableau, qui forme un contraste magnifique avec le ciel et le chemin sablonneux.

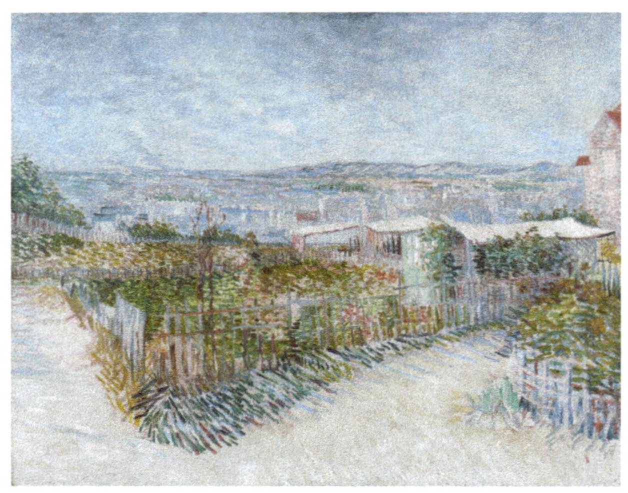

Vincent van Gogh, Jardins de légumes à Montmartre, huile sur toile, Paris, juillet 1887

À Paris, Van Gogh a réalisé bon nombre de natures mortes. Celle-ci, qui combine des raisins, des poires et des citrons, est un magnifique mélange des styles qui l'ont si fortement influencé.

L'inspiration impressionniste saute aux yeux dans la représentation des fruits : les ombres qui soulignent les formes ne sont pas noires, mais jaunes, orange et blanches. L'arrière-plan diffère puissamment du sujet du tableau ; le « rythme de ses touches » est complètement différent.

On reconnaît l'influence japonaise dans le manque de profondeur de la perspective : la composition entière tient sur un large plan de couleur jaune.

De plus, le cadre est décoré de formes qui ressemblent à des caractères japonais. Van Gogh avait dédié ce tableau à la personne la plus importante de sa vie : en bas à gauche, sous sa signature, on peut lire la dédicace « À mon frère Theo ».

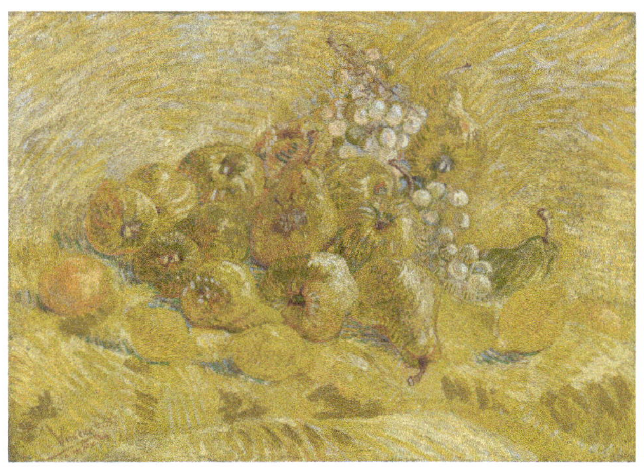

Vincent van Gogh, Nature morte avec Coings et Citrons, huile sur toile, octobre 1887

ARLES (1888-1889)

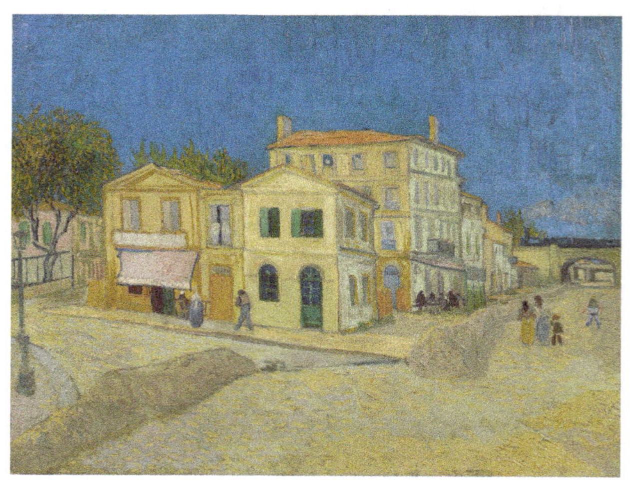

Vincent van Gogh, La Maison Jaune, huile sur
toile, Arles, septembre 1888

Après n'avoir passé que deux ans à Paris, Van Gogh ressentit de nouveau l'appel de la campagne. Il choisit de déménager à Arles, où le soleil de plomb rendait toutes les couleurs plus riches et lumineuses. Il y loua une partie de la Maison Jaune, représentée dans l'image ci-dessous, et se prit à rêver de monter une communauté d'artistes.

Le premier peintre à rejoindre Van Gogh fut Paul Gauguin, un artiste que Vincent tenait en très haute estime.

Leur collaboration n'a duré que le temps de neuf semaines, mais fut assez longue pour engendrer son lot de crises et de désaccords. Elle se termina par l'incident tragiquement célèbre où Van Gogh amputa le lobe de son oreille. Fait intéressant, c'est aussi pendant cette période qu'il produisit ses meilleures œuvres.

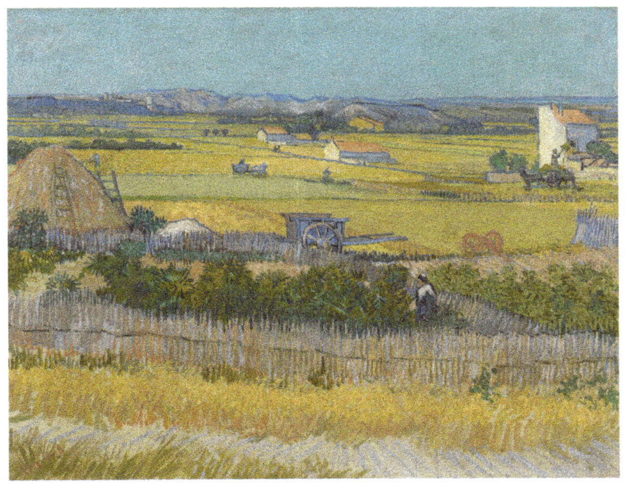

Vincent van Gogh, La Récolte à La Crau, huile sur toile, Arles, juin 1888

Cette peinture d'une récolte est en réalité un paysage français peint dans un style japonais. Si on la compare aux tableaux parisiens de la geisha et du prunier, de nombreuses similarités de composition – tout comme de couleur – apparaissent.

Par contraste, le champ de maïs est fait de points et stries impressionnistes. Telle est la magie de Van Gogh : il mélange différents styles mais le résultat est toujours réellement le sien.

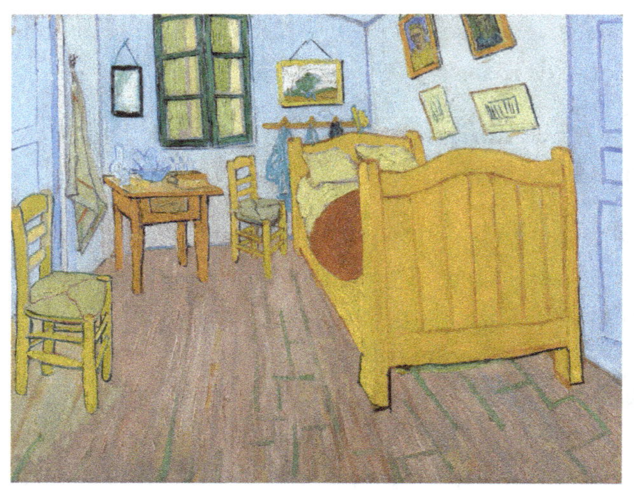

Vincent van Gogh, La chambre à coucher, huile
sur toile, Arles, octobre 1888

Les influences japonaises se voient aussi dans ce célèbre tableau représentant la chambre à coucher de Van Gogh. La perspective n'est pas vraiment exacte, ce qui était intentionnel.

Pour qu'elle ressemble plus à une estampe japonaise, il aplatit toute la scène et omit de représenter les ombres. On peut reconnaître d'autres éléments japonisants comme les couleurs vives et les contours marqués. Cette peinture dévoile que le style de vie de l'artiste était frugal, presque monastique. Hormis les objets d'usage courant, la chambre austère ne contient presque rien, à part deux simples chaises, une bassine ainsi que des tableaux sur le mur, dont deux portraits au-dessus de son lit.

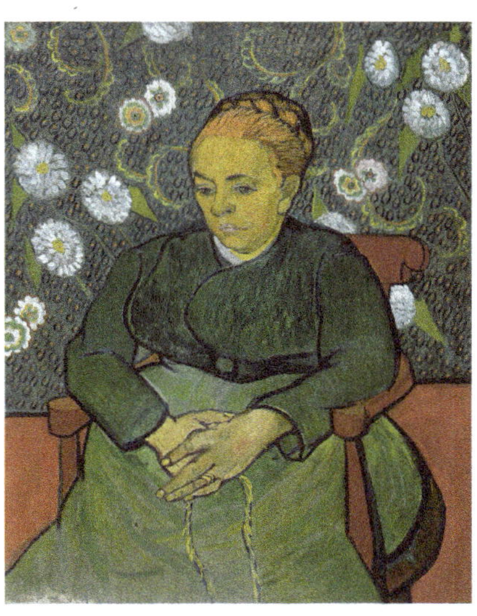

Vincent van Gogh, Augustine Roulin (La Berceuse),
huile sur toile, 1888

La femme représentée ici est Augustine Roulin, épouse du facteur
Paul Roulin, l'un des amis les plus proches de Van Gogh à Arles.
Son surnom était « la berceuse », à comprendre comme la chanson
mais aussi la garde d'enfants. La corde qu'elle tient entre les mains
y fait allusion, puisqu'elle était utilisée pour bercer le couffin en
chantant des berceuses.

Pour Van Gogh, elle était le symbole parfait de la sécurité et de la
maternité. Il avait dans l'idée d'inclure ce tableau dans un triptyque,
encadré par deux autres peintures de tournesols.

Son intention était de combiner l'amour maternel à la beauté et au
pouvoir de la nature.

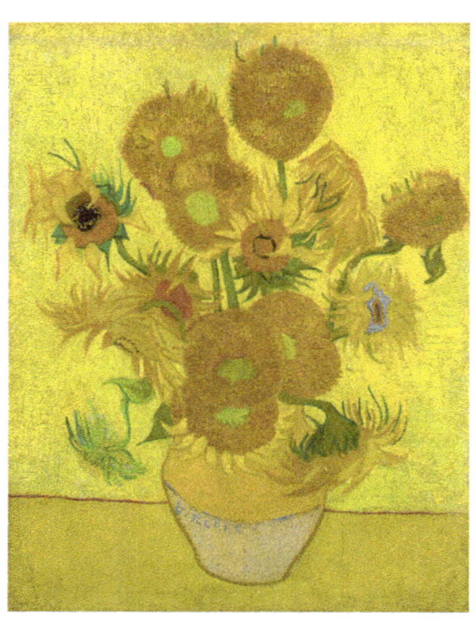

Vincent van Gogh, Les Tournesols, huile sur toile,
Arles, janvier 1889

Les séries de *Tournesols* restent à ce jour emblématiques de l'œuvre
de Van Gogh. Il existe au total cinq versions différentes de cette
nature morte, et le Musée possède et expose le cinquième et ultime
exemplaire de la série.

Van Gogh s'appliqua avec une énergie explosive à la peinture de
ces fleurs. Tout est imprégné de fières teintes jaunes. Les tournesols
sont représentés par des petites boules de peintures plutôt que par
des coups de pinceaux.

Bien qu'il ait originellement été conçu et réalisé comme un
panneau devant jouxter le tableau que Vincent considérait comme
le plus important, le portrait d'Augustine Roulin, cette
représentation de tournesols est à présent l'œuvre la plus connue
de Van Gogh.

SAINT-RÉMY (1889-1890)

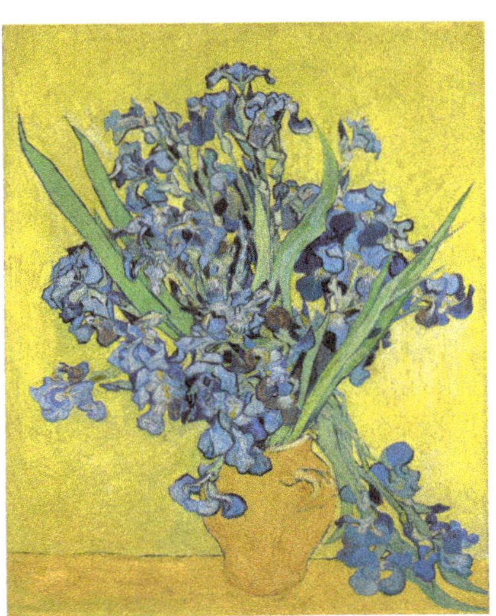

Vincent van Gogh, Iris, huile sur toile, Saint-Rémy,
mai 1890

Lorsque Van Gogh fut interné de son plein gré à l'asile de Saint-
Rémy après avoir amputé le lobe de son oreille, il demanda qu'on

lui octroie une chambre supplémentaire pour qu'il puisse travailler à son art. En plus de ses propres tableaux, il réalisa des copies d'œuvres qu'il aimait.

Pietà représente la Vierge Marie pleurant la mort de son fils. Elle fut réalisée d'après Eugène Delacroix (1798-1863).

Si on regarde de près le visage de Jésus, on peut remarquer une certaine familiarité, puisqu'il s'agit d'un autoportrait. Sans un brin d'arrogance en se représentant en Messie, Van Gogh y voyait plutôt une manière de s'identifier au salut et à la fin de la souffrance.

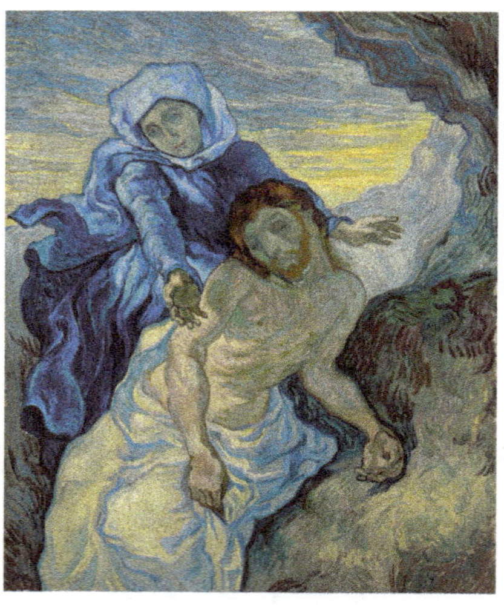

Vincent van Gogh, Pietà (d'après Delacroix), huile sur toile, Saint-Rémy, septembre 1889

Quand il eut récupéré de sa maladie en avril 1890, Van Gogh travailla sur une série de natures mortes représentant des fleurs. L'une d'elles représente un iris sur fond jaune.

Comparée aux *Tournesols*, cette image révèle toutefois un meilleur équilibre des couleurs, puisque les fleurs bleues et les tiges vertes prêtent au tableau un ton plus léger et moins agressif.

Durant son séjour à l'asile de Saint-Rémy, Van Gogh peignit une multitude de jardins dans lesquels son utilisation de la couleur devint hautement « autobiographique » : selon ses propres termes, la combinaison de rouges, gris, verts et des épais contours noirs devait provoquer de l'anxiété.

Le ciel représenté dans le *Jardin de l'hôpital Saint-Paul de Saint-Rémy* montre une combinaison de couleurs vives figées dans des coups de pinceaux angulaires.

On y a vu le résultat des effets secondaires des médicaments que prenait Van Gogh, mais cela est laissé à l'interprétation.

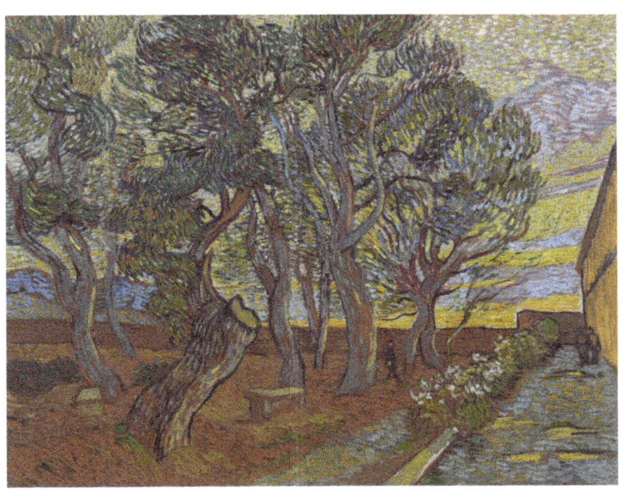

Vincent van Gogh, Jardin de l'hôpital Saint-Paul de Saint-Rémy, huile sur toile, Saint-Rémy, décembre 1889

Une tendre expression d'amour fraternel est incorporée dans ce tableau d'amandiers en fleurs. Theo van Gogh s'était marié et avait écrit au peintre en 1890 qu'ils avaient prénommé leur nouveau-né Vincent.

Débordant de fierté, Van Gogh s'empressa de réaliser un tableau de branches d'arbres fleuries. Les fleurs d'amandiers symbolisent la vie qui se renouvelle, puisqu'elles éclosent très tôt dans le midi de la France.

Vincent, le neveu de l'artiste, deviendrait plus tard le fondateur de la fondation Van Gogh, et gérerait la collection du Musée.

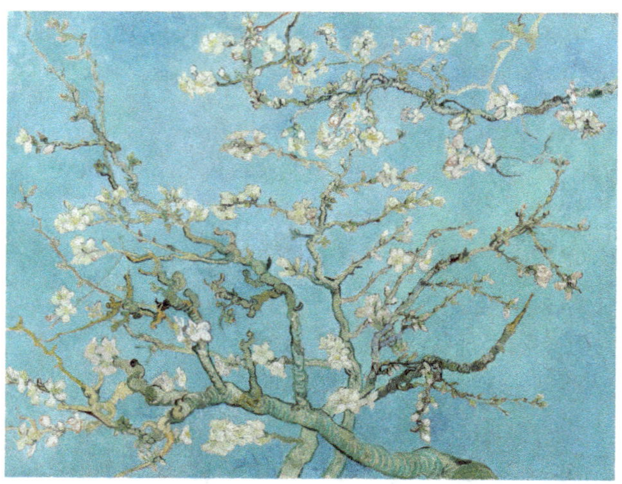

Vincent van Gogh, Amandier en Fleurs, huile sur toile, Saint- Rémy, février 1890

AUVERS-SUR-OISE (1890)

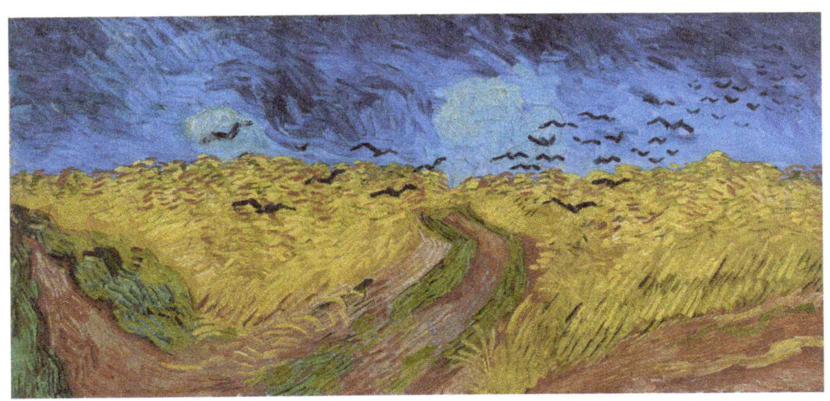

Vincent van Gogh, Champ de blé aux corbeaux, huile sur toile,
Auvers-sur-Oise, juillet 1880

Après avoir quitté l'asile, Van Gogh partit vivre à Auvers-sur-Oise, près de Paris. C'est là, durant les derniers mois de sa vie, qu'il produisit une série de paysages magnifiques.

Dans son *Champ de blé sous un ciel orageux*, les nuages sont devenus de simples masses de peinture. Son style tend alors vers l'abstrait.

Ce paysage a été considéré pendant longtemps comme le dernier tableau de Van Gogh. Bien que cela soit en réalité erroné, le symbolisme macabre est immanquable : les cieux assombris, les corbeaux noirs, sans mentionner ce chemin sinistre qui ne mène nulle part.

Si l'on en croit une expertise datant de 2012, la représentation laissée inachevée de racines d'arbres est en réalité la dernière œuvre de Van Gogh. Quand on pense que ce tableau fut réalisé cinq ans seulement après *Les mangeurs de pommes de terre*, le développement de l'artiste en un si court laps de temps est miraculeux.

LES OEUVRES DES
CONTEMPORAINS DE VAN GOGH

Aux côtés des propres tableaux de Van Gogh, vous pourrez admirer des tableaux réalisés par ses contemporains et par des artistes desquels il s'est inspiré.

Caractérisées par des couleurs vives et d'épaisses couches de peinture, les œuvres du peintre néerlandais Kees van Dongen (1877-1968) sont directement inspirées de Van Gogh. Son style est connu sous le nom de fauvisme, ou « style des animaux sauvages ».

Les artistes fauvistes travaillaient instinctivement, avec des formes simples et des couleurs vives. Le sujet favori de Van Dongen était le corps féminin, qu'il appelait « le plus beau paysage qui soit ».

Cette image est le portrait de la première femme de Van Dongen, Guus Preitinger. Plus tard dans sa carrière, il devait devenir le portraitiste de femmes de la haute société parisienne telle que Brigitte Bardot.

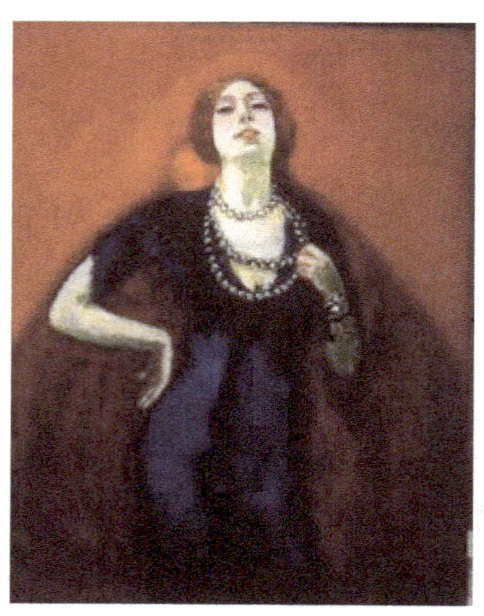

Kees van Dongen, Portrait de Guus au fond rouge,
huile sur toile, 1910

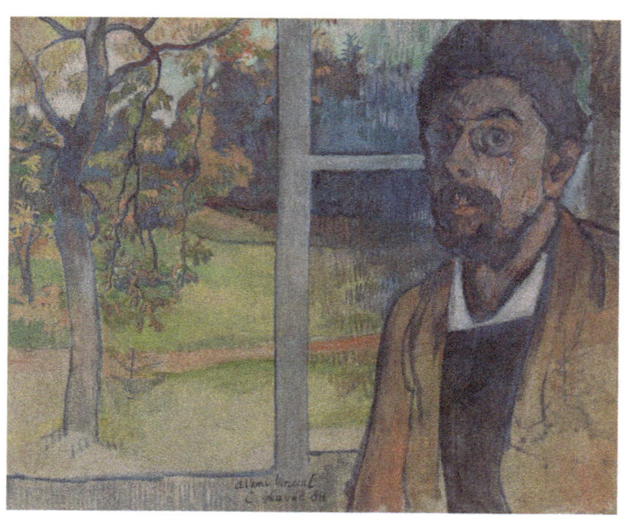

Charles Laval, Autoportrait à l'ami Vincent, huile
sur toile, 1888

Ce tableau de Charles Laval (1862-1894) est le résultat d'un accord passé avec Van Gogh de s'échanger des autoportraits.

Il est important de noter que Laval ne s'est pas représenté au centre du tableau, mais près d'une fenêtre, nous offrant ainsi une vue du jardin.

Des lignes droites marquent les contours de la fenêtre, mais le jardin à l'arrière-plan fait plutôt penser à une esquisse.

Impressionné par le tableau, Van Gogh en fit un petit croquis et l'inclut dans une lettre à l'attention de son frère Theo, le décrivant comme « très crâne, très distingué ».

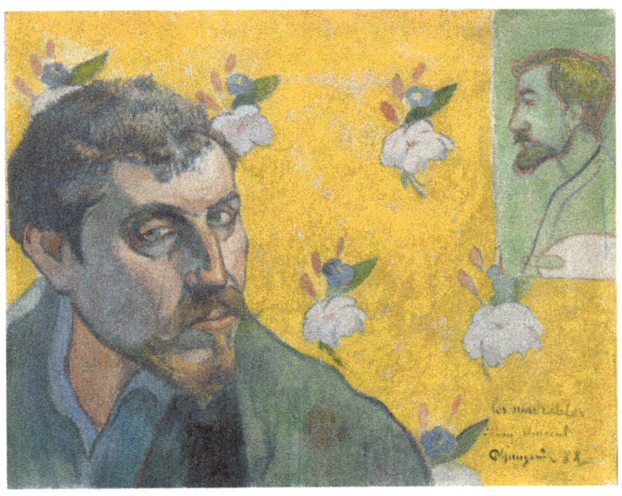

Paul Gauguin, Autoportrait avec portrait de
Bernard (Les Misérables), huile sur toile, 1888

Paul Gauguin (1848-1903) s'est représenté dans ce tableau en tant que Jean Valjean, le protagoniste du roman de Victor Hugo *Les Misérables*.

Dans le livre de Hugo, le héros est à la fois rejeté par la société mais poussé par des convictions intimes. En tant que peintre des temps modernes, Gauguin percevait sa position comme similaire, ce qui justifie l'expression troublée que trahit son visage, tandis que les couleurs sur les murs représentent sa pureté en tant qu'artiste.

À l'arrière-plan, se trouve un portrait de son ami proche et collègue, Emile Bernard. Si l'on se penche un peu, on peut aussi voir la dédicace à Van Gogh, en bas à droite.

En 1887, Paul Gauguin partit vivre sur l'île de la Martinique pour tenter d'y trouver l'inspiration.

Il avait une vision romantique de la vie dans ce pays, et il considérait les indigènes de l'île comme des sauvages nobles et purs, entretenant une connexion directe avec la nature. Cela plut à Gauguin qui recherchait la spontanéité et l'authenticité.

C'est en Martinique qu'il développa un nouveau style de couleur. Pourtant, plusieurs critiques d'art jugèrent ce mélange de visages bleus, de chiens verts et d'arbres violets « maléfique ».

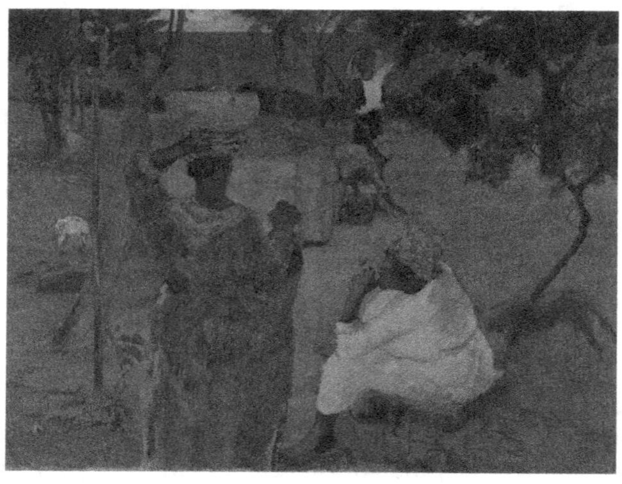

Paul Gauguin, Sous les manguiers en Martinique,
huile sur toile, 1887

Dans *Van Gogh peignant des tournesols*, Gauguin a représenté son ami en train de travailler sur sa célèbre toile. Gauguin a utilisé son imagination, puisque ces fleurs n'étaient pas de saison.

C'était l'un des points de contention entre les deux artistes : Van Gogh préférait travailler d'après modèle tandis que Gauguin usait de son imagination.

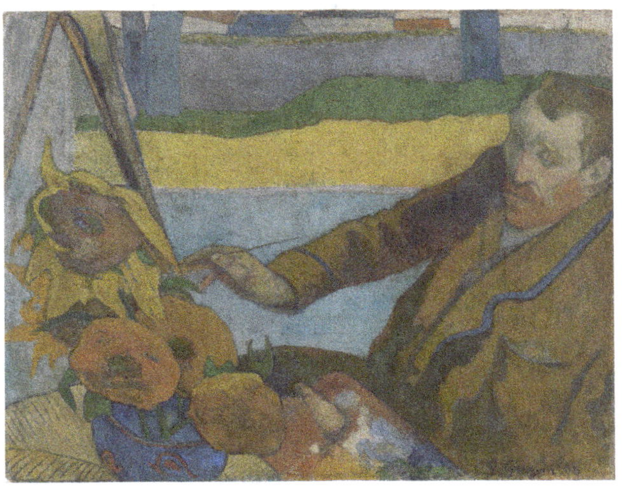

Paul Gauguin, Van Gogh peignant des tournesols, huile sur toile, 1888

Les natures mortes représentant des fleurs devinrent très populaires au XIXe siècle. Délivré de l'obligation de raconter une histoire ou de réaliser un portrait, le peintre pouvait expérimenter librement avec les formes et les couleurs.

Quand Theo van Gogh acheta *Vase de fleurs* d'Adolphe Monticelli (1824-1886), son frère ne tarit pas d'éloges. Les couleurs vives et l'utilisation de points et de taches au lieu de coups de pinceaux l'inspirèrent profondément. Il demanda à ses amis de lui acheter des fleurs afin de pouvoir réaliser une série de natures mortes aux compositions similaires.

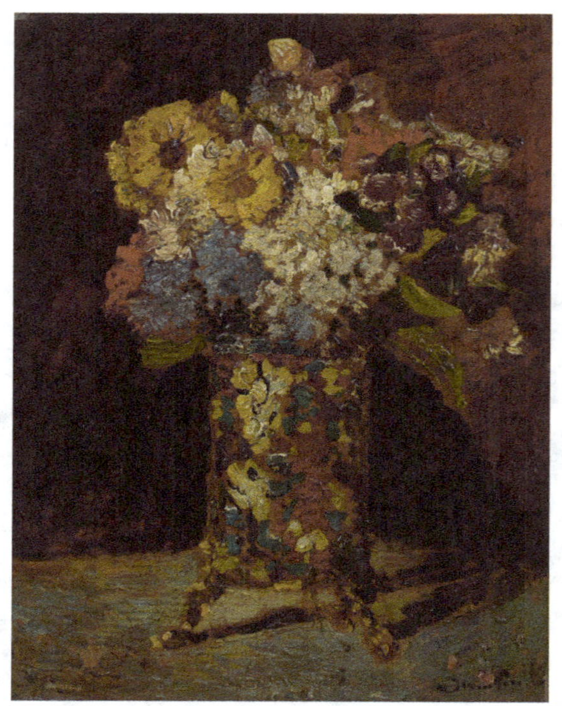

Adolphe Monticelli, Vase de fleurs, huile sur
panneau, aux alentours de 1875

Au XIXe siècle, Jean François Millet (1814-1875) déclencha une révolution artistique apparemment infime mais pourtant capitale. Il fut le premier peintre à représenter des paysans en tant que sujets artistiques.

Avant lui, les artistes les voyaient simplement comme des éléments d'arrière-plan, pittoresques et pas plus importants que des animaux, des nuages ou des meules de foin. Van Gogh admirait l'approche de Millet et copia certaines de ses œuvres lors de son internement à l'hôpital de Saint-Rémy.

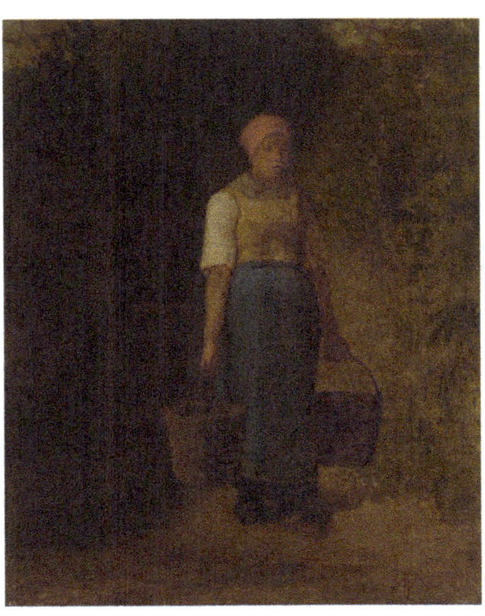

Jean-François Millet, Femme aux seaux, huile sur
toile, 1855-1860

À cause de son affection particulière pour les représentations de la
vie rurale, Van Gogh montra un profond intérêt pour les travaux du
peintre français Léon Augustin Lhermitte (1844-1925).

Il aurait dit : « J'ai l'esprit trop plein de Lhermitte ce soir pour
pouvoir parler de quoi que ce soit d'autre ».

Ce tableau montre un groupe de fermiers au repos qui réparent
leurs outils. Bien que la scène apparaisse informelle, elle est
pourtant minutieusement arrangée. On peut en effet tracer un
cercle qui entoure la tête de chaque personne présente et qui forme
le centre de la composition. L'horizon est très haut, encourageant le
regard à se perdre dans la distance.

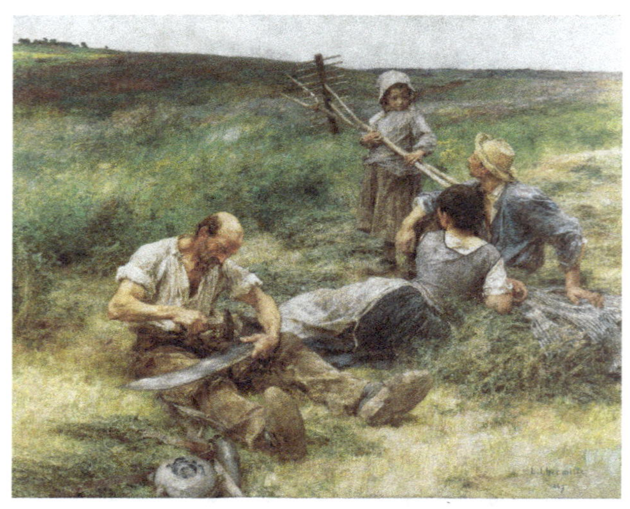

Léon Augustin Lhermitte, Les Glaneurs, huile sur
toile, 1887

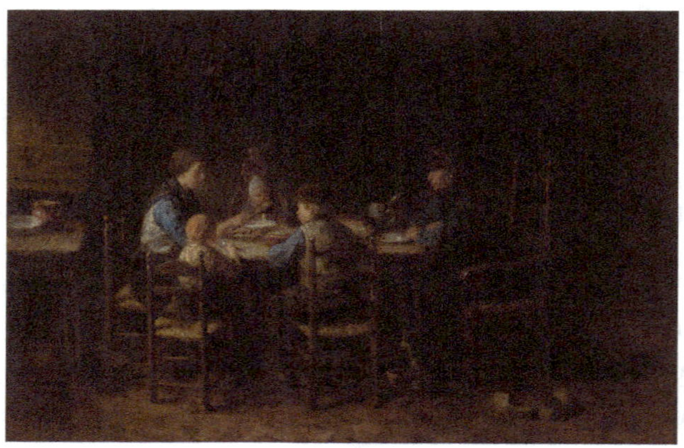

Jozef Israëls, Famille de paysans à table, huile sur
toile, 1882

Ce tableau de Jozef Israëls (1824-1911) intitulé *Famille de paysans
à table,* est souvent montré en parallèle avec *Les mangeurs de
pommes de terre* de Van Gogh.

Israël était l'un des représentants les plus populaires de ce qui s'appelait l'école de La Haye, dont les peintres se focalisaient sur les paysages et la vie des fermiers et des pêcheurs.

Cette scène fut une inspiration directe pour Van Gogh, de par son style réaliste mais sentimental, créé par des effets de lumière touchants et des couleurs douces.

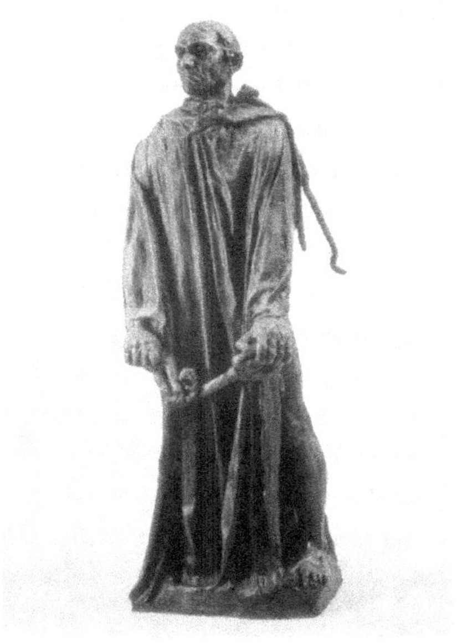

Auguste Rodin, Jean d'Aire (Les Bourgeois de Calais), bronze patiné, 1884

En 1884, le sculpteur français Auguste Rodin (1840-1917) fut commissionné pour réaliser un groupe de statues qui formeraient un monument dédié aux *Bourgeois de Calais*. Ces personnages légendaires tentèrent de sauver leur ville des pilleurs anglais en 1346 en s'offrant comme otages et en leur remettant la clé de la ville.

Une des statues de ce groupe se trouve au Musée Van Gogh. Elle représente le bourgeois Jean d'Aire et montre ses traits acérés et ses vêtements modestes. L'expression de son visage est sombre : il s'apprête à quitter la ville pour affronter une exécution quasi-certaine.

Quand il fut enfin présenté au public, le monument ne fut pas placé sur un piédestal, laissant le spectateur ressentir la souffrance et l'humiliation, tandis qu'il se déplace parmi les statues du groupe des bourgeois.

Comme Van Gogh, le peintre français Gustave Caillebotte (1848-1894) utilisait des éléments japonais. Dans ce tableau, le balcon en fer forgé domine le premier plan tandis que l'avenue Hausmann est visible à l'arrière-plan, où les gens et les chevaux sont représentés comme des silhouettes floues.

Gustave Caillebotte, Vue d'un balcon, huile sur toile,
1880

Le paysage reproduit ci-dessous fut peint par Camille Pissarro (1831-1903), qui eut une influence considérable sur Van Gogh. Mélangeant points, stries et couleurs vives, il représente la fenaison du mois d'août. Les ressemblances avec le *Square Saint Pierre*, peint par Van Gogh à Paris, sont évidentes. Camille avait une telle importance pour Van Gogh que ce dernier le surnomma « Père Pissarro ».

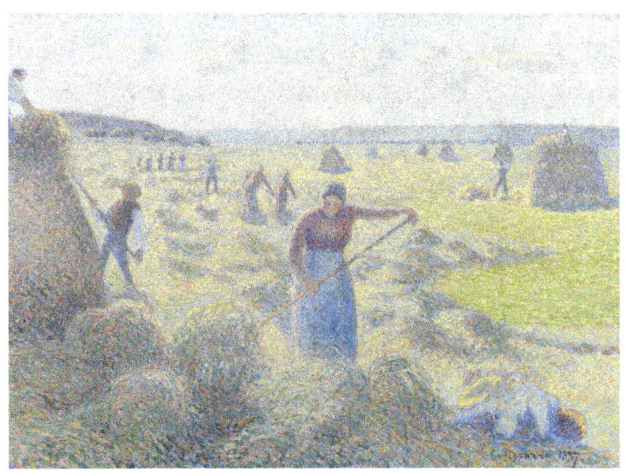

Camille Pissarro, La récolte des foins, Éragny,
huile sur toile, 1887

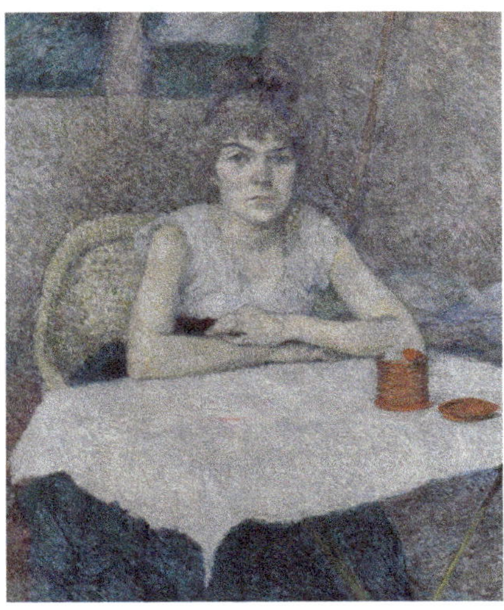

Henri de Toulouse-Lautrec, Jeune femme à table
(Poudre de riz), huile sur toile, 1887

La femme représentée dans ce portrait est identifiée comme étant Suzanne Valadon, la maîtresse de Henri de Toulouse-Lautrec (1864-1901), un ami proche de Van Gogh.

Ce tableau est appelé *Poudre de Riz*, d'après le contenu du bocal rouge placé sur la table. Le riz était utilisé pour donner à la peau une apparence pale, ce qui était un signe de beauté.

Saisi par le peintre et poète français Jules Breton (1827-1905), le regard de cette jeune paysanne se perd hors du cadre. Même si Breton était un peintre réaliste, cette image trahit une note de sentimentalisme. La jeune femme est belle, mais son regard est pensif et les couleurs sont atténuées. Van Gogh n'avait toutefois rien contre le ton sentimental, disant même qu'il « fallait avoir un pouvoir d'imagination et de sentiment en peignant ».

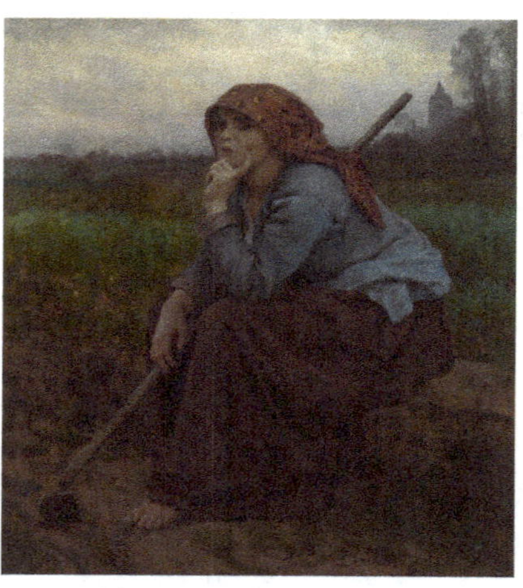

Jules Breton, Jeune paysanne à la houe, huile sur toile sur panneau, 1882

Comme Van Gogh, Breton marcha dans les pas d'autres peintres intéressés par la vie à la campagne et le réalisme, comme Jean-François Millet.

Cette statue d'un fermier retroussant ses manches aurait été du goût de Van Gogh. Comme dans *Les mangeurs de pommes de terre*, le sujet est un travailleur acharné, représenté dans toute sa dignité.

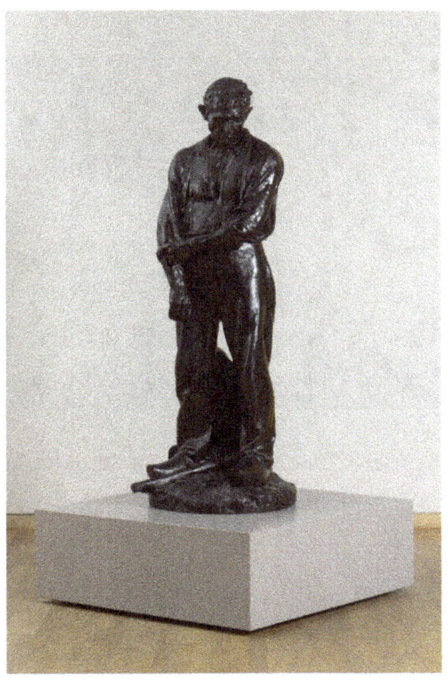

Aimé Jules Dalou, Grand paysan, 1898-1899 (coulé après 1902)

Le sculpteur Aimé Jules Dalou (1838-1901) était un héros de la classe ouvrière. Fils de laboureur, il n'était que trop familier avec les difficultés des gens ordinaires. Dans ses œuvres, il offrit à ces gens un visage et un statut.

Comme la statue de Rodin des *Bourgeois de Calais*, cette pièce faisait partie d'un groupe de sculptures érigées à la gloire du labeur.

Si Van Gogh avait son frère Theo comme soutien moral et financier, le peintre français Emile Bernard (1868-1941) s'appuyait, lui, sur sa grand-mère, Madame Bodin-Lallement, qui apparaît régulièrement dans ses tableaux.

Le travail de Bernard, à la façon de beaucoup de ses contemporains, trahit l'influence de l'art japonais, comme le démontrent les grands plans de couleur, les contours marqués et les détails magnifiés au premier plan.

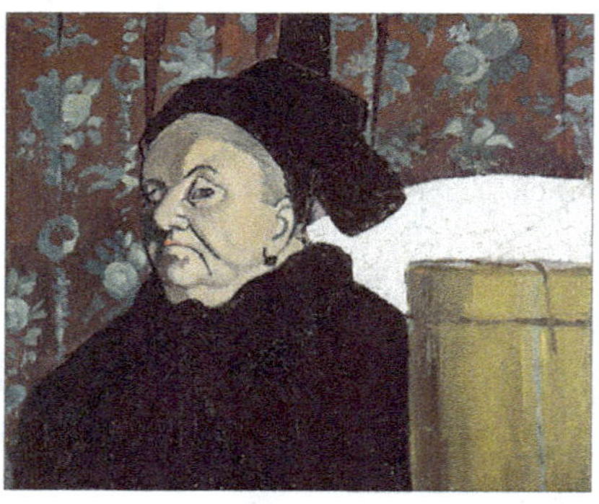

Emile Bernard, La grand-mère de l'artiste, huile sur toile, 1887

Quand il officiait en tant qu'assistant ministre du culte en Angleterre, Van Gogh parlait souvent dans ses sermons des tableaux de l'artiste anglais George Henry Boughton (1833-1904). Il appréciait particulièrement le tableau reproduit ci-dessous. Comme il le disait souvent à sa congrégation : « la vie est un voyage vers Dieu », et dans cette peinture, on peut voir des pèlerins remplir leur flasque d'eau alors qu'ils se dirigent vers Canterbury.

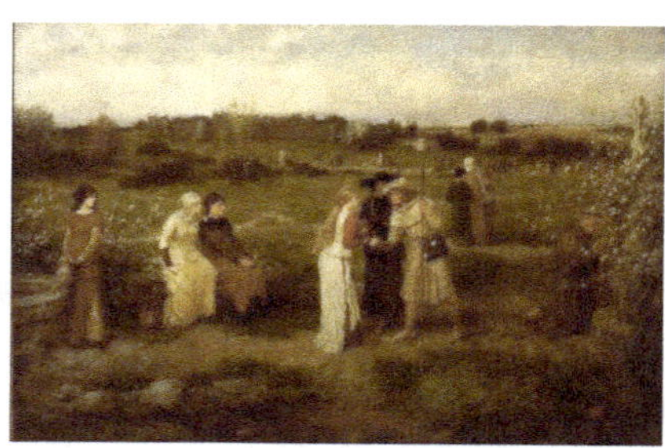

George Henry Boughton, Pèlerins sur le chemin de Canterbury, huile sur toile, 1874

HISTOIRE DE LA COLLECTION

À l'origine, la collection exposée au Musée était sous la garde du frère de Van Gogh, Theo. À sa mort, elle fut léguée à sa veuve, Johanna van Gogh-Bonger (1862-1925). Elle vendit certaines œuvres, tout en conservant un corpus représentatif. Son fils, Vincent Willem van Gogh (1890-1978), en hérita en 1925.

En 1930, Vincent, un ingénieur, prêta certaines de ses œuvres au Musée Stedelijk, la meilleure galerie d'art moderne d'Amsterdam. Mais, comme l'engouement pour les œuvres de l'artiste Vincent van Gogh grandit, le besoin d'un musée qui lui serait entièrement consacré se fit sentir.

Une fondation fut créée pour rassembler les peintures et les dessins non-vendus de Van Gogh, mais aussi des œuvres d'autres artistes, ainsi que les collections de livres et d'imprimés. Cela fut une initiative de l'état néerlandais.

En 1962, la collection fut placée sous la charge de la fondation pour 15 millions de florins, même si sa valeur estimée dépassait les 300 millions de florins.

Le Musée Van Gogh fut construit par l'état néerlandais, et ce dernier fonctionne toujours comme administrateur de la collection. Elle est en prêt permanent auprès de l'état. En 1973, la reine Juliana des Pays-Bas a inauguré le Musée Van Gogh, établi dans le même bâtiment qu'il occupe toujours.

Sont aussi exposés dans le musée des tableaux d'amis et de contemporains de Van Gogh, qui représentent une bonne partie de la collection d'art contemporain de Theo.

La collection a grandi de façon substantielle depuis l'inauguration du musée et, grâce au soutien financier de la fondation Vincent van Gogh, du Fonds du Prince Bernhard et d'autres sponsors, de nouvelles œuvres au statut exceptionnel purent être acquises. Elle présente aussi des prêts de longue durée provenant d'autres institutions et est bénéficiaire d'un système de loterie qui lui permet de réaliser de nombreuses autres acquisitions.

Auteurs : Marko Kassenaar et Liesbeth Heenk

Édition revue et augmentée par Liesbeth Heenk

Édité par Malin Lönnberg

Traduit de l'anglais par Angélique Olivia Moreau. Titre original : *Van Gogh Museum Amsterdam. Highlights of the collection*

Amsterdam Publishers

ISBN 13 : 9789492371904 (ebook)

ISBN 13: 9789492371911 (livre de poche)

LES MUSÉES D'AMSTERDAM

Ce livre fait partie de la série « Les musées d'Amsterdam ».

Ces livres ne s'embourbent pas dans le jargon de l'histoire de l'art. Ils prennent plutôt la forme d'une conversation agréable à lire. Tous nos livres sont abondamment illustrés.

Les autres volumes de la série des Musées d'Amsterdam :

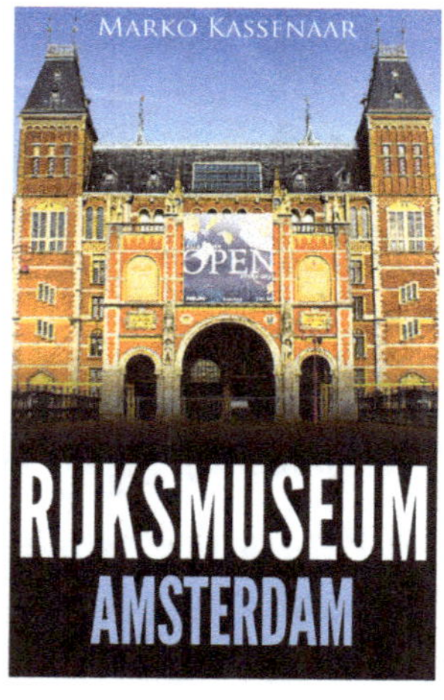

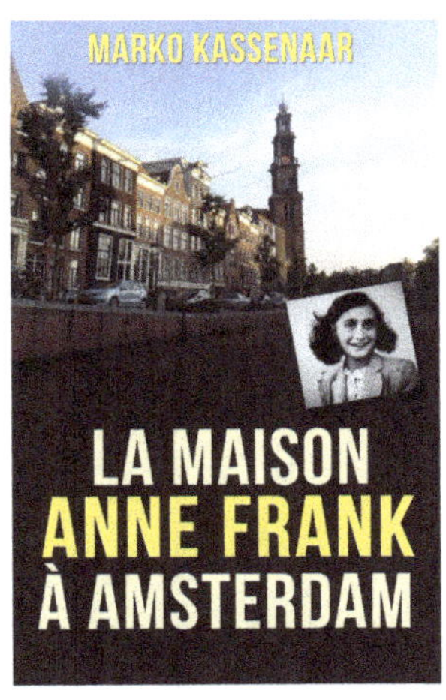

Cher lecteur

Nous vous remercions d'avoir lu ce livre.
Voudriez-vous laisser un commentaire et une note s'il vous plait ?
Il est toujours difficile d'obtenir des comptes-rendus et cela aide
tellement à faire marcher les ventes !
Merci d'avoir pris le temps de nous lire.
Les auteurs